RUES DE FER

EXAMEN DE LA QUESTION SUIVANTE :

SUPPRIMER LES OCTROIS DE PARIS

SANS SURTAXER L'IMPOT ET SANS RÉDUIRE LES RECETTES MUNICIPALES.

NOUVELLE SOURCE DE REVENU POUR LA VILLE DE PARIS.

L'expérience ne tardera pas à démontrer que, pour la ville de Paris, les chemins de fer sont une grande innovation, dont les conséquences ne sauraient être impunément méconnues. En présence de cette innovation, qui, à Paris, n'est encore, pour ainsi dire, qu'à l'état d'essai, il est impossible d'admettre que l'immense mouvement des transports du département de la Seine ne subira aucune modification.

On pourrait y apporter, si l'on s'en réfère aux autorités compétentes, une économie de 100 pour 100. Une économie de dizaines de millions par an, et, par contrecoup, le désencombrement de la voie publique, sont de ces questions qu'il suffit de signaler pour fixer sérieusement l'attention de l'édilité.

La cessation, ou du moins la diminution d'un abus, véritable fléau public, peut devenir pour la caisse municipale, une source de recettes importantes. C'est ce que cette notice a pour objet de démontrer.

Un avant-projet, qui avait pour but de venir en aide au mouvement d'approvisionnement, de distribution, de transit à l'intérieur de Paris, a été soumis à une enquête publique, qui en a reconnu la possibilité d'exécution. Pour en faciliter l'admission par l'opinion publique, l'auteur du projet a exécuté son travail en relief. On peut ainsi reconnaître, à simple vue, qu'il n'est pas impossible de pénétrer jusqu'au centre de Paris par de nouvelles voies de circulation, dont les avantages sont énumérés dans la note A.

Locomotion dans Paris.

A l'étranger, l'intérieur de quelques villes jouit des avantages économiques inhérents aux nouveaux procédés de locomotion. L'économie de temps ne serait pas le moindre de ces avantages dans l'intérieur de Paris, où 20,000 voitures transportent journellement 201,000 personnes (1) ; où 32,000 charrettes par jour traînent un tonnage annuel de près de 5 millions de tonnes ; où l'encombrement produit par cette effrayante locomotion, se traduit au quartier central des halles en une mortalité plus que double (1/25e).

(1) 73,380,000 par an : le double de toute la population de la France.

Des ingénieurs célèbres se sont préoccupés depuis longtemps de l'utilité (1) de pénétrer dans Paris par des moyens nouveaux.

M. Vallée a présenté un projet de chemin de fer du Nord, qui partait de l'Hôtel-de-Ville. M. Corréard a proposé de traverser Paris par les quais. Un ingénieur, qui fait autorité dans les questions de travaux publics, imprimait dans *La Presse*, il y a quelques mois à peine, que la population parisienne ne serait pas toujours condamnée à ces embarcadères excentriques.

Le projet en relief, soumis à Messieurs les Députés, à Messieurs les Pairs, et à Messieurs les Administrateurs de Paris, n'a donc d'autre mérite distinctif que d'expliquer, d'une manière sensible, comment on peut mouvoir les débarcadères, dans l'intérieur des villes, *gratuitement* pour ainsi dire. Cette expression exagérée a pour but de fixer l'attention sur la difficulté capitale, et sur sa solution.

Si, en effet, au point de vue de l'*utilité*, ce projet est un chemin de fer; au point de vue de la *dépense*, le chemin disparaît pour ne présenter qu'une rue recouverte de bâtiments. Les constructions qui s'élèvent chaque jour sur tous les points de la capitale, ne sont-elles pas justifiées par leur valeur locative? Et n'est-il pas reconnu que les voies publiques produisent en raison de leur mouvement et de leur circulation (2)? Or, quand on étudie le projet dans son ensemble, on se demande quelle rue de Paris sera plus active, plus productive, que cette rue des halles centrales, aboutissant aux chemins de fer par une quadruple voie ferrée, et par une suite continue de passages vitrés; devenant ainsi, par le bienfait du rapprochement des distances, la grande rue de la banlieue et des quartiers éloignés.

Ce projet est-il donc gigantesque? Il suffira de l'expropriation partielle de moins de cent maisons, de peu de valeur. Personne ne se récrie contre le projet de reconstruction des halles centrales, au point de vue de la dépense; et cependant, par ce projet municipal, l'expropriation atteint et démolit 211 maisons, dont chacune a une valeur commerciale.

Un projet qui n'est pas sans analogie avec le projet exposé au Palais-Bourbon, mais qui coûterait beaucoup plus de premier établissement, a trouvé des approbateurs, et même une autorisation officielle: l'ouverture d'un passage du boulevart Saint-Denis à la place du Châtelet. En comparant la dépense, le produit, l'utilité, et le procédé d'exécution de ces deux projets, on reconnaît que l'un d'eux n'a d'autre tort que de paraître une innovation.

Et cependant, en quoi consiste cette innovation? En une seule chose, dans la traversée de vingt-trois rues, par le procédé appliqué à l'intersection des routes et des chemins de fer, appliqué *dans Paris même* par les chemins de Strasbourg, de Belgique et de Saint-Germain. C'est donc simplement, en supposant à ces rues une largeur moyenne de 10 m., un tunnel de 230 m., composé

(1) L'accroissement de population et d'encombrement prouvera bientôt que c'est une nécessité. Il serait désirable que cette nécessité fût reconnue plus tôt que plus tard. Aujourd'hui, il y aurait à réaliser une spéculation bonne, parce que les terrains traversés ne sont pas encore bâtis. Il suffirait donc d'une approbation administrative ou municipale *sans subvention*. Dans quelques années, cette subvention sera indispensable.

(2) L'ouverture de la rue Rambuteau a produit un boni de 154,000 fr.

de 25 ponts, c'est-à-dire un tunnel sans obscurité, grâce à la forme particulière des maisons de façade.

Et que coûterait ce tunnel? Un prix *certain*, connu d'avance par les prix comparatifs des galeries qui traversent le sous-sol de Paris: 300 f. par mètre courant, 400 f. au maximum, faux frais compris; 800 pour deux voies, 1,600 fr. pour quatre voies.

Ce travail (qui serait exécuté sans déchausser la voie publique) coûterait donc, en le limitant d'abord à deux voies, 184,000 fr. Soit 200,000 fr.

Le double pour quatre voies.

Si les propriétaires sur le tracé (1) avaient l'intelligence de leurs intérêts bien entendus, ils apporteraient, en société mutuelle, les droits de passage et d'exploitation; droits qui seraient arbitrés par eux-mêmes, réunis en jury d'expertise, comme ont fait les concessionnaires associés des mines de la Loire.

Et alors il suffirait d'une somme *minime* (le sens de ce mot est relatif), pour surmonter les difficultés qui tiennent aux choses, c'est-à-dire pour communiquer

A travers 25 rues.............	— Par 46 arches en ciment romain.
A travers 80 maisons..........	— Par 160 ouvertures en sous-œuvre, nombre que réduirait l'existence des murs mitoyens.
A travers des cours et jardins..	— Par une simple tranchée.

De cette manière, on opérerait à l'instar des Américains, qui agrandissent, finissent et perfectionnent une entreprise par le produit de l'entreprise elle-même. C'est ce qui a été pratiqué à Londres, au dock des Indes-Occidentales, où, avec un capital de fondation de 37 millions, la valeur s'est trouvée portée à 67 millions, par des augmentations opérées au moyen de prélèvements sur les bénéfices, après distribution toutefois d'un dividende de 10 pour 100.

Cette voie de communication, de quelque manière qu'elle soit établie, procurerait à la ville de Paris une source nouvelle de revenu : la halle centrale recevrait un double emploi. Quel magasin, quelle gare serait mieux placée ?

Que la caisse municipale, en raison des avantages qu'y trouverait le commerce, prélève, pour droit de chargement ou de déchargement, dans l'étage de soubassement des halles, 15 centimes par quintal métrique, le 1/15 du bénéfice des docks de Londres; sur 500,000 tonneaux ce serait une recette de 750,000 fr. Le revenu présumé des halles centrales, qui est de 800,000 fr., se trouverait ainsi doublé sans la moindre perturbation dans le système et dans le service d'approvisionnement.

L'enlèvement des boues et immondices deviendrait un service *producteur* au lieu d'être un service *subventionné* (plus de un demi-million par an); car au moyen d'une opération chimique fort simple, cette marchandise, qui occupe 330 voitures par jour, deviendrait pour les lignes de fer un tonnage de retour, et pour certains départements une ressource précieuse.

C'est surtout dans son chemin de ronde que la ville de Paris trou-

(1) Au nombre des propriétaires, se trouvent l'État, la ville de Paris et les hospices.

verait un revenu important. En raison de sa situation, cette propriété municipale, aujourd'hui sans produit, peut et doit, dans un avenir prochain, préserver le commerce de Paris des inconvénients graves qui naîtraient des malheureux emplacements imposés aux têtes de ligne.

Coût du camionnage.

Pour une ville qui, dans un espace de quinze années, a vu le nombre des voitures, circulant chaque jour dans ses rues, s'élever de 35 mille à 80 mille (1), c'est une grosse affaire que le camionnage. Il résulterait des statistiques qu'un tonnage de moins de 5 millions de tonnes coûterait annuellement, en camionnage, une *centaine* de millions, chiffre incroyable qui accuserait dans les transports un mode de distribution excessivement vicieux.

Lorsqu'on descend de ces généralités à l'application usuelle, on se trouve en présence de chiffres déplorables comme celui-ci :

Le charbon de terre, cette marchandise qui devient de plus en plus un objet de première nécessité pour les classes pauvres, coûte par tonne :

Achat sur la mine (département du Nord)......	10 fr.
Fret jusqu'à La Villette	14
Total.......	24 fr.

Il se vend au consommateur 55 et 60 fr.

Il est donc permis d'espérer que la ville de Paris, si paternelle dans la distribution de la fortune municipale, ne se refusera pas à augmenter ses revenus, tout en allégeant des *faux-frais superflus*, profitables à personne, nuisibles à tout le monde, faux-frais qui enchérissent l'existence des classes les moins riches, et qui sont l'une des causes permanentes de l'indigence publique.

Que l'édilité de Paris veuille bien imiter les édilités de Londres et de Liverpool, et elle répandra sur les divers quartiers de la capitale (sur la rive gauche comme sur la rive droite) le bienfait de *docks* convenablement placés, qui obvieront ainsi à de graves inconvénients.

Obstacles à l'économie des transports.

Il est facile de prévoir quel préjudice résulterait, pour le commerce, de la coïncidence inévitable des circonstances suivantes :

L'inégalité des arrivages par les voies de fer ;

La difficulté pour les grandes lignes de donner aux mille détails de la distribution des marchandises, le temps, les mesures d'ensemble et les soins convenables ;

L'inégalité de l'effet utile produit par le cheval, suivant les saisons et suivant les difficultés de traction ;

L'inégalité des retards par les inspections aux barrières ;

L'impossibilité pour le camionneur d'augmenter instantanément et momentanément son personnel et son matériel.

Différences dans les prix de transport.

Voici quelques chiffres concluants en réponse à cette objection banale, que lorsqu'un camion est chargé peu importe le parcours.

(1) *Journal des Débats*, 16 décembre 1846.

La distribution dans Paris de la tonne de marchandises, coûte :

De La Villette..............................	2 fr.	00
Et lorsqu'il faut passer les ponts..............	2	25
De la gare des Batignolles...................	3	00
De la gare d'Ivry...........................	5	00

Ce qui signifie que le parcours de quelques rues coûte :

Moitié aussi cher que le parcours de Paris à Rouen.

Et presque *aussi cher* que le parcours d'Orléans à Paris.

Ce qui signifie encore qu'en donnant à ces gares des *succursales* mieux disposées pour le service du roulage et pour l'inspection de l'octroi, et en admettant un tarif moyen de 1 fr. 50 c., on économiserait :

25 pour cent sur La Villette ;
100 pour cent sur La Chapelle et les Batignolles ;
333 pour cent sur Ivry et Bercy.

Voici un rapprochement plus remarquable encore :

Le bassin de Saint-Ouen, qui a été construit pour économiser au commerce de Paris le péage et les lenteurs du canal Saint-Denis, n'a pas enlevé une seule tonne de marchandises au bassin de La Villette.

Que conclure de ces données comparatives? C'est que la première condition d'un camionnage *à bon marché* est un choix d'emplacements, d'où la marchandise, *en tout temps et à toute heure*, puisse être charriée de telle sorte, que la force musculaire du cheval produise tout son effet utile.

Il en résulte que, *commercialement*, il n'y a qu'un seul chemin de fer dont la gare soit bien placée ; c'est le chemin de Strasbourg.

La ville de Paris ferait donc un acte productif pour elle et utile à sa population, si elle autorisait une compagnie fermière à lui créer, au moyen de son chemin de ronde et sur les deux rives de la Seine, des *docks municipaux* en CONTRE-HAUT des divers quartiers de Paris.

Quelques maisons isolées qui sont jointes au projet en relief, indiquent comment pourrait s'opérer cette transformation du chemin de ronde (1).

Chemin de Blackwall dans Paris.

Paris posséderait alors son chemin de Blackwall, traversant tous les docks, c'est-à-dire un *omnibus-railway* rapprochant le négociant de sa marchandise, ou, ce qui vaut mieux, rapprochant la marchandise du négociant.

Une objection a été adressée à l'auteur du projet : c'est que ce chemin n'étant qu'une ligne, ne profiterait qu'à un quartier. On peut s'en rapporter à la spéculation privée du soin de ramifier cette ligne.

Avantages pour la banlieue.

Dût cette ligne centrale rester unique, elle serait pour Paris une *Tamise* de fer, et pour la banlieue une tige dont les rameaux se multiplieraient par le cours naturel des choses. Ce chemin étant un chemin *de service*, c'est-à-dire de ces chemins qui se construisent à un prix dix fois moindre que le prix des grandes lignes, il serait facile d'y souder, de proche en proche, des carrières, des plâtrières, des villages privés du voisinage d'une voie de fer ; et

(1) Les servitudes de ce chemin ne seraient point un obstacle.

alors disparaîtrait l'infériorité de position d'un grand nombre de localités, fort précieuses pour les besoins de la consommation parisienne.

SALUBRITÉ.

Si cette notice n'était déjà trop longue, elle signalerait à l'attention de l'édilité un travail d'assainissement, qui découlerait naturellement de la construction d'une voie ferrée dans Paris. Ce travail annexe consisterait à établir l'inverse de ce qui existe actuellement, à donner au grand égoût un développement *sept* fois moindre que celui de la Seine, c'est-à-dire à décupler la pente de cette rivière de boue.

Comment espérer la propreté de Paris, du vieux Paris, avec le système actuel de curage et de voirie?

Et comment empêcher cette tendance de la population à se déplacer, si ce n'est par l'amélioration du vieux Paris?

MOYENS D'EXÉCUTION.

Malgré la crise financière, on reconnaîtra que les moyens d'exécution ne sont pas impossibles, si l'on veut bien se pénétrer de quelques considérations toutes locales.

Il ne s'agit, en effet, que d'employer plus judicieusement un capital DISPONIBLE, sans pour cela changer sa destination. Chaque jour ne bâtit-on pas dans tous les coins de Paris? Et ce projet est-il autre chose que l'édification, sur une ligne de 2,000 mètres de longueur, et presque dépourvue de bâtiments, d'un nombre fort restreint (1) de maisons, dont la destination spéciale garantit au constructeur une location certaine?

On ne peut mettre en doute que le concessionnaire de cette gare oblongue (car ce n'est réellement qu'une gare), ne reçoive des propositions de la part de ces nombreux entrepreneurs qui bâtissent de tous côtés pour les besoins d'une population croissante. Des constructions sur cette rue des halles centrales, sur cette grande rue de la banlieue et des docks municipaux, seront d'un rapport plus certain, plus immédiat, et, en définitive, plus avantageux que partout ailleurs; que, dans les quartiers neufs, par exemple, où il y a tant de non-valeurs.

Et alors une minime partie de ce même capital, qui s'éparpille aujourd'hui sur tous les points de Paris, aura, de proche en proche, remplacé 80 maisons de peu d'importance, par une plus grande quantité de maisons neuves. Un travail d'utilité publique se trouvera ainsi réalisé par le calcul même de l'intérêt privé.

L'urgence n'est plus la même pour le prolongement de cette rue de 2 mille mètres; et par conséquent on aura le loisir d'attendre des temps meilleurs, ou de procéder comme le dock des Indes-Occidentales. Un simple développement de 2,000 mètres, pour rayonner vers l'entrepôt de la douane, vers le bassin de La Villette et les plâtrières de Belleville, suffirait pour réunir un tonnage de plus de 2 millions de tonnes.

On peut donc, sans une dépense excessive, s'assurer un mouvement considérable, dont le produit aurait bientôt complété l'établissement de l'entreprise.

(1) La longueur de 2,000 mètres ne comporte pas l'alignement de plus de cent maisons du modèle qui est exposé.

CONCLUSION.

Il existe, sur le pavé de Paris, un roulement de transports représenté, comme dépense de traction, par un capital annuel d'au moins 80 millions. En substituant l'ordre au désordre, on peut réduire ce chiffre de moitié.

C'est donc un enjeu de 40 millions par an.

A qui restera cet enjeu ?

Les maisons de roulage ne peuvent y prétendre qu'en renonçant à leur concurrence effrénée, qu'en combinant avec sagesse des mesures d'ensemble.

Les Compagnies de chemins de fer s'accorderont-elles pour absorber les entrepôts, les magasins et le camionnage, comme elles ont absorbé le roulage ? Cela n'est pas douteux pour quiconque sait de quel pouvoir rayonnant dispose un chemin de fer.

Dans l'une et l'autre hypothèse, les difficultés qui tiennent au mauvais emplacement des gares et à l'octroi, ne seront point applanies : elles ne sauraient l'être que par la ville de Paris, qui, seule, peut centraliser ce grand mouvement de distribution, et s'approprier ainsi une recette nouvelle, équivalente au produit de ses octrois.

Les maisons de roulage, devenant alors nécessairement les fermiers de la ville de Paris, devront se féliciter d'échapper ainsi à l'anéantissement que leur préparent les Compagnies de chemins de fer.

En se créant, à l'instar d'autres villes, cette source de revenus, l'édilité de Paris se procurera deux autres avantages : une réduction dans les frais d'entretien du pavage (2,500,000 fr. par an) (1), et le désencombrement de la voie publique.

EN RÉSUMÉ : les populations urbaines, quels que puissent être les intérêts opposés, jouiront tôt ou tard, à l'intérieur des grandes villes, du bienfait des nouveaux procédés de locomotion.

Accélérer l'heure de cette jouissance est dans l'intérêt des pouvoirs de l'Etat.

(1) L'Etat et l'administration départementale contribuent à cette dépense.

NOTE.

Énumération des principaux avantages de la RUE DE FER *proposée.*

1° Joindre entre elles les grandes lignes de fer et les prolonger jusqu'au centre de Paris; en d'autres termes, mobiliser les gares et les débarcadères, centraliser, par conséquent, les arrivages des diverses lignes;

2° Créer de nouvelles voies de communication, indépendantes des rues ordinaires;

3° Revêtir le tout de maisons d'habitation, qui ne sont, en réalité, qu'un long magasin, comme les docks de Londres et de Liverpool.

Cette construction aurait pour résultat :

De diminuer l'encombrement de Paris;

D'améliorer le curage de la ville;

De mettre à la disposition des classes pauvres et des classes peu aisées, un véhicule à bon marché;

D'étendre, par conséquent, le rayon habitable.

En résumé,

D'accroître le revenu de la ville et le bien-être de ses habitants.

Ces rues, de forme nouvelle, seront dirigées de préférence dans les cours et jardins; les façades nouvelles créeront de nouvelles valeurs locatives; et le calcul prouve que le produit de ces locations paiera l'intérêt du capital d'établissement. Il en résulte que ce genre de constructions ne sera pas limité à une seule ligne. C'est le problème qu'il fallait résoudre pour donner au projet toute son utilité. Les statistiques prouvent, en effet, que c'est à l'intérieur même des villes populeuses, qu'il serait le plus rationnel d'établir des voies de fer, moyen de locomotion reconnu le plus économique.

Cette amélioration est le seul moyen efficace de satisfaire aux besoins et aux habitudes de la population parisienne. L'extension croissante de la ville de Paris trouverait ainsi une sorte de compensation dans l'établissement d'un véritable *omnibus*, circulant du centre à la circonférence, à très-bas prix, avec une vitesse régulière, et avec un nombre de places illimité.

L'exécution de ce travail réaliserait à Paris, mais dans des conditions plus heureuses, ce qui existe à Batavia, à Philadelphie, à Baltimore, à Liverpool, à Bruxelles.

FL. DE KÉRIZOUËT,
Ingénieur civil.

www.ingramcontent.com/pod-product-compliance
Ingram Content Group UK Ltd.
Pitfield, Milton Keynes, MK11 3LW, UK
UKHW032040260826
14628UKWH00007B/3096

9 782013 596435